Une Pensée par Jour

365

maximes & Pensées morales

RECUEILLIES PAR

M^llo BRÉS

Inspectrice générale des Écoles maternelles

ॐ

PARIS

HACHETTE & C^io

79, boul. St-Germain

1895

UNE PENSÉE PAR JOUR

CE RECUEIL A ÉTÉ CLASSÉ LE PREMIER

PARMI LES RECUEILS RÉCOMPENSÉS

A LA SUITE DU CONCOURS

OUVERT LE 1er NOVEMBRE 1892

PAR LA *Correspondance générale de l'Instruction primaire*

POUR LA RÉDACTION

D'UN *Recueil de maximes morales*

A L'USAGE DES ENFANTS DES ÉCOLES PRIMAIRES

UN SECOND RECUEIL

DESTINÉ MOINS SPÉCIALEMENT A LA JEUNESSE

REPRODUIT EXACTEMENT CELUI-CI

EN LE COMPLÉTANT ET LE COMMENTANT

PAR UN TRÈS GRAND NOMBRE DE CITATIONS

PLUS DÉVELOPPÉES

Coulommiers. — Imp. PAUL BRODARD. — 279-94.

UNE

PENSÉE PAR JOUR

365 maximes & pensées morales

RECUEILLIES PAR

MLLE BRÉS

INSPECTRICE GÉNÉRALE DES ÉCOLES MATERNELLES

———⟩⟨+⟩⟨———

PARIS

LIBRAIRIE HACHETTE ET Cie

79, BOULEVARD SAINT-GERMAIN, 79

—

1895

MON
ENFANT,
LE JOUR DE TA NAISSAN-
CE, TOUT LE MONDE SE
RÉJOUISSAIT ET TOI SEUL
TU PLEURAIS : VIS DE MANIÈ-
RE QU'AU JOUR DE TA
MORT TOI SEUL TU TE
RÉJOUISSES, TANDIS
QUE LES AUTRES
PLEURERONT.

1ʳᵉ Semaine

1. — Mon enfant, le jour de ta naissance, tout le monde s'est réjoui et toi seul tu pleurais : vis de manière qu'au jour de ta mort, tous les autres pleurent, et que toi seul n'aies point de larmes à répandre.

2. — Dieu parle ainsi à l'homme : Tout ce qui existe je l'ai fait pour toi; mais toi, je t'ai créé pour moi.

LE CORAN.

3. — A cœur vaillant, rien d'impossible.

JACQUES CŒUR.

4. — « Combien de fois pardonnerai-je à mon frère? Sera-ce jusqu'à sept fois? » — « Non pas jusqu'à sept fois, mais jusqu'à septante fois sept fois. »

LA BIBLE.

5. — Un mauvais penchant n'est d'abord qu'un passant dans notre âme, puis il devient un hôte, puis enfin il commande en maître.

LE TALMUD.

6. — Marchons toujours; si lentement que nous marchions, nous ferons beaucoup de chemin.

SAINT FRANÇOIS DE SALES.

7. — Le soleil n'attend pas qu'on le prie pour faire part de sa lumière et de sa chaleur : fais de même.

ÉPICTÈTE.

2ᵉ Semaine

Souvenez-vous

8. — Que tant qu'on est petit la mère sur nous veille,
Mais que plus tard on la défend ;
Et qu'elle aura besoin, quand elle sera vieille,
D'un homme qui soit son enfant !

V. HUGO.

9. — Les chemins qui montent ont tous des escarpements : Courage !

A. DE GASPARIN.

10. — Pardonner sincèrement et de bonne foi, pardonner sans réserves, voilà la plus dure épreuve de la charité.

BOURDALOUE.

11. — Ne permets pas au sommeil de te fermer les yeux avant d'avoir examiné chaque action de ta journée.

PYTHAGORE.

12. — Vaincre soi-même est la grande victoire :
Chacun chez soi loge ses ennemis.

SIRE DE PIBRAC.

13. — La faute d'un jour amène celle du lendemain.

ÉPICTÈTE.

14. — Quand l'homme juste n'aurait d'autre récompense que le contentement de sa bonne vie, et l'injuste d'autre peine que sa mauvaise conscience, ce serait assez pour encourager l'un au bien et détourner l'autre du mal.

L'HOSPITAL.

3e Semaine

15. — Vivre et aider à vivre, voilà le devoir.

A. COQUEREL.

16. — Il faut tenir à une résolution parce qu'elle est bonne, et non parce qu'on l'a prise.

LA ROCHEFOUCAULD-DOUDEAUVILLE.

17. — Ce n'est point un grand avantage d'avoir l'esprit vif, si on ne l'a pas juste : la perfection d'une pendule n'est pas d'aller vite, mais d'être bien réglée.

VAUVENARGUES.

18. — Une réponse douce apaise la fureur, mais la parole dure excite la colère.

LA BIBLE.

19. — Point de dégoût. ni de découragement : si tu viens d'échouer, recommence.

MARC-AURÈLE.

20. — Croire qu'une petite médisance ne peut nuire, c'est croire qu'une étincelle ne peut mettre le feu.

21. — L'habitude qu'il faut prendre, c'est de ne penser jamais qu'à des choses telles que si l'on te demandait tout à coup : A quoi penses-tu? tu puisses immédiatement répondre en toute franchise : Voici à quoi je pense.

MARC-AURÈLE.

4ᵉ Semaine

22. — J'ai cherché Dieu dans ses merveilles,
OEuvres parlantes de ses mains!.....
L'épi, le brin d'herbe, l'insecte
Me disaient : « Adore et respecte,
La sagesse a passé par là! »

LAMARTINE.

23. — Il y a de l'esprit à savoir suivre un bon conseil, aussi bien qu'à agir de soi-même.

Mᵐᵉ DE SABLÉ.

24. — Plutôt s'user que se rouiller.

DIDEROT.

25. — Sois bon, mais avec simplicité, car l'orgueil de la vertu est le plus insupportable de tous.

MARC-AURÈLE.

26. — Rends à tous ce qui est leur droit : fais justice à la plante, au taureau, au cheval; ne sois pas ingrat pour le chien et prends garde que la vache ne murmure contre toi.

LES VÉDAS.

27. — Chante au danger et ris à la peine.

P. MEURICE.

28. — La perfection ne consiste pas à n'avoir point d'amitié, mais à n'en avoir point que de bonne, de sainte et de sacrée, car par le moyen de celle-ci, on s'anime, on s'aide, on s'entre-porte au bien.

SAINT FRANÇOIS DE SALES.

5ᵉ Semaine

29.

Ceux qui pieusement sont morts pour la patrie
Ont droit qu'à leur cercueil la foule vienne et prie....
    Gloire à notre France éternelle !
    Gloire à ceux qui sont morts pour elle,
    Aux martyrs, aux vaillants, aux forts,
    A ceux qu'enflamme leur exemple,
    Qui veulent place dans son temple
    Et qui mourront comme ils sont morts !

                      V. HUGO.

30. — Garde l'espérance d'une autre vie : c'est là que les mères retrouvent leurs fils.

                      G. SAND.

31. — Quand ta conscience t'accuse, te condamne, te châtie, l'univers entier n'a ni le droit, ni le pouvoir de t'absoudre.

                      A. COQUEREL.

32. — Ni les hommes, ni leur vie ne se mesurent à l'aune.

                      MONTAIGNE.

33. — Quand la délicatesse s'en va, la probité se lève pour la suivre.

                      LAMENNAIS.

34. — A côté du courage qui agit, il y a le courage qui accepte.

                      Mᵍʳ LANDRIOT.

35. — La charité ne croit pas ses services perdus lorsqu'ils sont peu remarqués, ou reçus avec indifférence, ou même avec ingratitude.

                      DUGUET.

6ᵉ Semaine

36. — Honore ton père et ta mère.

LA BIBLE.

37. — Il faut vaincre le mal par le bien : beaucoup de mal avec plus de bien, du vieux mal avec du nouveau bien.

PARKER.

38. — Quand tu rencontres ton obligé, tâche d'oublier sa dette ; mais quand tu rencontres ton bienfaiteur, souviens-toi de la tienne.

GŒTHE.

39. — Votre profession est votre meilleure amie.

A. DE LASAULX.

40. — Si vous reconnaissez en vous un vice ou un défaut, commencez dès aujourd'hui à le combattre, car, en attendant à demain, vous risqueriez d'en avoir deux à combattre.

41. — Il faut rougir de faire une faute, et non de la corriger.

ROUSSEAU.

42. — Combien de temps il gagne celui qui ne prend pas garde à ce que le prochain a dit, a fait, a pensé : — mais seulement à ce qu'il a fait lui-même, afin de rendre ses actions justes et saintes.

MARC-AURÈLE.

7ᵉ Semaine

43. —
Lorsqu'on a fait tout son devoir,
Avec les siens il faut savoir
Jouer, causer, même un peu rire....
DE LAPRADE.

44. — Nous devons supporter avec patience ce que nous ne pouvons changer ni en nous, ni dans les autres.
IMITATION DE J.-C.

45. — La vie n'est ni un jour de fête, ni un jour de deuil, c'est un jour de travail.
VINET.

46. — Quand tu es seul, songe à tes défauts; quand tu es en compagnie, oublie ceux des autres.
PROV. ORIENTAL.

47. — Le mentir est un maudit vice : nous ne sommes hommes et nous ne tenons les uns aux autres que par la parole.
MONTAIGNE.

48. — On arrive au crime par degrés; de même à la vertu.

49. —
Sois humble! Que t'importe
Le riche et le puissant?
Un souffle les emporte.
La force la plus forte
C'est un cœur innocent!
V. HUGO.

8ᵉ Semaine

50. — Si tu voulais remercier Dieu pour toutes les joies qu'il te donne, il ne te resterait plus de temps pour te plaindre.

RUCKERT.

51. — Quand tu es pressé par une tentation, si tu remets au lendemain pour la combattre, le lendemain viendra et tu ne combattras point.

ÉPICTÈTE.

52. — Il faut plus de courage pour pardonner une offense que pour la venger.

53. — Entre le passé qui nous échappe et l'avenir que nous ignorons, il y a le présent où sont nos devoirs.

A. DE GASPARIN.

54. — Pour vaincre ses défauts, l'homme *peut* tout ce qu'il *veut*, mais il ne *veut* pas tout ce qu'il *peut*.

55. — Erreur qui se répète devient faute.

P. SYRUS.

56. — Trois beaucoup et trois peu sont pernicieux à l'homme : beaucoup parler et peu savoir, beaucoup dépenser et peu avoir, beaucoup présumer et peu valoir.

PROV. ESPAGNOL.

9ᵉ Semaine

57. — Nous combattons les monstres d'Afrique en imagination et nous nous laissons tuer par les petits serpents qui sont en notre chemin, faute d'y faire l'attention nécessaire.

SAINT FRANÇOIS DE SALES.

58. — Faire le bien, le faire chaque jour mieux et avec moins d'effort, voilà le but de la vie.

59. — Ne méprise pas les petites choses, considérant combien tu es incapable d'en faire de plus grandes.

LACORDAIRE.

60. — En quelque temps que meure un homme qui a toujours fait tout le bien qu'il a pu, il n'a point à se plaindre de n'avoir pas assez vécu.

CICÉRON.

61. — Dans la vieillesse de vos parents, souvenez-vous de votre enfance.

SAINT-LAMBERT.

62. — La complaisance est une monnaie avec laquelle le moins riche peut toujours payer son écot.

Mᵐᵉ DU DEFFANT.

63. — On ferait beaucoup plus de choses, si l'on en croyait moins d'impossibles.

MALESHERBES.

10ᵉ Semaine

64. — Garde-toi de rien faire et rien dire, où, si tout le monde le savait, tu n'oses pas reconnaître : J'ai cela *fait*! J'ai cela *dit*!

BLANCHE DE CASTILLE.

65. — C'est du cœur que procède l'amabilité véritable; qui n'est aimable qu'à la surface ne l'est ni longtemps, ni beaucoup.

A. DE GASPARIN.

66. — La loi reste la loi!
  Nul n'est au-dessus d'elle.

DE LAPRADE.

67. — Dieu vit un peu dans tout, et rien n'est peu de chose.

V. HUGO.

68. — Il n'est personne qui n'ait en soi quelque chose de bon qui peut devenir excellent s'il est cultivé.

SAINT-ÉVREMOND.

69. — Le temps ne se repose jamais, et même en dormant nous marchons vers l'éternité.

SAINT AUGUSTIN.

70.
Pourquoi t'affliges-tu pour un mot de travers?
Quand même jusqu'au cœur il t'aurait pu blesser,
Il ne te devrait pas ébranler le courage :
Va, fais la sourde oreille et laisse-le passer.

CORNEILLE.

11ᵉ Semaine

71. — Chacun travaille et chacun sert....
Malheur à qui dit à son frère :
Je retourne dans le désert !

V. HUGO.

72. — Sache mettre dans ton cœur le bonheur de ceux que tu aimes à la place de celui qui te manquera.

G. SAND.

73. — Le moindre « j'ai eu tort » vaut mieux que mille réponses ingénieuses.

BONNET.

74. — Il n'y a que le bien qui soit assez fort pour détruire le mal.

LACORDAIRE.

75. — Règle ta vie, action par action.

MARC-AURÈLE.

76. — On ne peut faire du bien à tout le monde, mais on peut toujours témoigner de la bonté.

ROLLIN.

77.
Oh! contemplez le ciel! et dès qu'a fui le jour,
En tout temps, en tous lieux, d'un ineffable amour
    Regardez à travers ces voiles :
Un mystère est au fond de leur grave beauté,
L'hiver, quand ils sont noirs comme un linceul, — l'été,
    Quand la nuit les brode d'étoiles !

V. HUGO.

2

12ᵉ Semaine

78. — Toutes les fois que je fais mal, je sème pour l'avenir des difficultés, des fautes, des misères.

D'après H. MARION.

79. — Les tentations et les épreuves sont des combats : si tu as été vaincu une fois, deux fois ou davantage, combats de nouveau, et il viendra un moment où tu remporteras la victoire.

ÉPICTÈTE.

80. — Une société de frères unis vaut mieux que toutes les murailles du monde.

PLUTARQUE.

81. — On peut garder son chagrin pour soi, mais il faut répandre sa joie.

F. BREMER.

82. — Il n'est pas toujours bon de dire tout ce qu'on a sur le cœur, mais il faut tâcher de n'avoir jamais sur le cœur que ce que l'on peut dire.

P. JANET.

83.
Nous sommes du bonheur de nous-même artisans,
Et fabriquons nos jours ou fâcheux ou plaisants.

RÉGNIER.

84. — Votre temps vous appartient-il pour en disposer à votre gré? Ne vous est-il donné pour rien de sérieux? rien de grand? rien d'éternel? rien de digne de l'élévation et de la dignité de l'homme?

MASSILLON.

Gagner une victoire, régner sur un peuple, ce sont actions éclatantes, rire, aimer et converser avec les siens et avec soi-même, doucement et justement, ne se relâcher point, ne se démentir point, c'est chose moins remarquable et plus difficile.

13ᵉ Semaine

85. — Gagner une victoire, régner sur un peuple, ce sont actions éclatantes : rire, aimer et converser avec les siens et avec soi-même, doucement et justement, ne se relâcher point, ne se démentir point, c'est chose moins remarquable et plus difficile.

MONTAIGNE.

86. — Ne pas s'imposer des devoirs imaginaires qui prennent la place des devoirs réels!

VINET.

87. — Garde-toi que le soleil en regardant la terre puisse dire : Voilà un lâche qui sommeille.

FRANKLIN.

88. — Où il y a beaucoup de paroles, il ne manque pas d'y avoir du péché; mais celui qui retient ses lèvres est prudent.

LA BIBLE.

89. — Combattez courageusement : c'est par les bonnes habitudes qu'on surmonte les mauvaises.

IMITATION DE J.-C.

90. — Un peu de miséricorde dans la justice, un peu de douceur dans la fermeté sont comme le grain de sel qui rend le pain plus sain et meilleur.

91. — C'est dans la négligence des petits devoirs qu'on fait l'apprentissage des grandes fautes.

Mᵐᵉ NECKER.

14ᵉ Semaine

92. — Au lieu de te plaindre que la rose ait des épines, félicite-toi que l'épine soit parée de roses et que le buisson porte des fleurs.

D'après J. JOUBERT.

93. — C'est gâter les plus grands services, que de les rendre de l'air dont on les refuserait.

SÉNÈQUE.

94. — Ne permets pas à ta langue de courir en avant de ta pensée.

CHILLON.

95. — Ne parle pas de ta santé devant un malade, ni de ta joie devant un affligé.

96.
Être aimée et t'aimer, c'est trop peu pour ta mère,
Souviens-toi qu'il te faut encor la rendre fière !

Mᵐᵉ DE LA ROCHE-GUYON.

97. — Ne reprochez jamais les plaisirs que vous faites,
Mais mettez-les au rang des affaires secrètes.

FÉNELON.

98. — Les choses ne sont pas si douloureuses, ni difficiles d'elles-mêmes ; mais notre faiblesse et lâcheté les fait telles.

MONTAIGNE.

15ᵉ Semaine

99. — N'attends, n'exige jamais des autres qu'un peu au-dessous de ce que tu ferais pour eux.

CONDORCET.

100. — Toute profession honnête est honorable.

TOCQUEVILLE.

101. — Ne réclamons pas le prix avant la victoire, ni le salaire avant le travail.

J.-J. ROUSSEAU.

102. — Souvent « C'est l'offrande des moindres choses
Qui révèle le plus d'amour ».

SULLY-PRUDHOMME.

103. — Sachons sourire, sourire à la vie, sourire à nos devoirs, sourire même à nos peines.

104. — Ne méprise personne, ne dédaigne aucune chose : car il n'est personne qui n'ait son heure, il n'est pas de chose qui n'ait sa place.

LE TALMUD.

105. — Heureux et sage, celui qui se dit en s'éveillant : Je veux être aujourd'hui meilleur que hier!

FÉNELON.

~~~~~~~~~~~~~~~ 16ᵉ Semaine ~~~~~~~~~~~~~~~

106. — Hâtez-vous de vous corriger pour travailler utilement à corriger les autres.

FÉNELON.

167. — Les ans ne donnent jamais le droit de mal faire, mais agrandissent l'injure.

LA BOÉTIE.

108. — Nous devons tous les jours appeler notre âme à rendre des comptes. « De quel défaut t'es-tu aujourd'hui guérie, quelle passion as-tu combattue, en quoi es-tu devenue meilleure? »

SÉNÈQUE.

109. — Si vous ne voulez pas vous vaincre dans les petites choses, comment surmonterez-vous les grandes?

IMITATION DE J.-C.

110. — Il ne faut rien faire ni lentement, ni à la hâte.

111. — Plus on est honnête homme, plus on a de peine à soupçonner les autres de ne l'être pas.

CICÉRON.

112.

Aucun n'est sans défaut, aucun n'est sans faiblesse,
 Aucun n'est sans besoin d'appui,
Aucun n'est sage assez de sa propre sagesse,
Aucun n'est assez fort pour se passer d'autrui.

CORNEILLE.

17ᵉ Semaine

113. — Contemplez du matin la pureté divine
Quand la brume en flocons inonde la ravine,
Quand le soleil, que cache à demi la forêt,
Grandit, comme ferait la coupole dorée
D'un palais d'Orient dont on approcherait.
V. HUGO.

114. — Garde ton cœur plus que toute autre chose qu'on garde, car en lui sont les sources de la vie.
LA BIBLE.

115. — Vous avez besoin de beaucoup de patience et d'un courage qui ne se lasse point, car vous ne vous vaincrez pas en un jour.
LAMENNAIS.

116. — Celui qui a la charité dans son cœur a toujours quelque chose à donner.
SAINT AUGUSTIN.

117. — Examine si ce que tu promets est juste et t'est possible, car la promesse est une dette.
CONFUCIUS.

118. — Noblesse oblige : or, tout homme est noble parce qu'il descend de Dieu. Si donc il y a dans ta généalogie des échelons obscurs, ne t'y arrête point, mais monte plus haut, à ton origine première, où Dieu t'attend.

119. — La force du mal est moins redoutable que la faiblesse du bien.
GUIZOT.

18ᵉ Semaine

120. — Il faut se piquer d'être raisonnable, mais non d'avoir raison.

.·.

121. — Honorez vos parents, par vos paroles, par vos actions et par toutes sortes de vertus.

LA BIBLE.

.·.

122. — Il n'y a qu'une servitude honorable, c'est celle de la reconnaissance.

SAUVAGE.

.·.

123. — L'homme qui voyant un profit à obtenir pense à la justice, qui voyant un péril dévoue sa vie, qui n'oublie pas ses anciens engagements, celui-là est un homme accompli.

CONFUCIUS.

.·.

124. — On doit être poli chez soi parce qu'on exerce l'hospitalité, et chez les autres parce qu'on l'y reçoit.

LATENA.

.·.

125. — Il y a cent moyens de faire de la peine et cent moyens de faire plaisir.

.·.

126. — Que l'homme se régente, respectant et craignant sa raison et sa conscience tellement qu'il ne puisse, sans honte, broncher en leur présence.

MONTAIGNE.

19ᵉ Semaine

127. — Les fautes sans repentir sont des fautes sans fin.

128. — Le patient vaut mieux que le brave, et celui qui dompte son cœur vaut mieux que celui qui prend des villes.

LA BIBLE.

129. — En faisant acte de bon fils vous faites déjà acte de bon citoyen.

C. WAGNER.

130. — Une fois le nécessaire assuré, il n'y a pas plus de bonheur dans un palais que dans une masure, dans un écu que dans un gros sou.

LAMARTINE.

131. — Va où tu voudras, tu y trouveras ta conscience.

DIDEROT.

132. — Dans le plus pauvre corps peut habiter la plus belle âme.

BOUDDHA.

133.
Le courage n'est pas seulement au soldat;
Il n'est pas seulement à l'homme qui se bat
Pour défendre un pays qui pense et qui travaille;
La vie est elle-même un vrai champ de bataille,
Où chaque travailleur a son courage à lui :
Fuir le travail qu'on doit, c'est encore avoir fui !

AICARD.

20ᵉ Semaine

134.
Eh bien! Il est quelqu'un dans ce monde où nous sommes
Qui tout le jour aussi marche parmi les hommes,
Servant et consolant, à toute heure, en tout lieu :
Un bon pasteur qui suit sa brebis égarée,
Un pèlerin qui va de contrée en contrée;
Ce passant, ce pasteur, ce pèlerin, c'est Dieu!

V. HUGO.

135. — L'effort de la veille ne suffit pas au lendemain. Il faut à chaque jour son effort, parce que chaque jour a sa tâche.

136. — Rien n'est plus dangereux qu'un bon conseil accompagné d'un mauvais exemple.

Mᵐᵉ DE SABLÉ.

137. — C'est prendre part aux belles actions que de les louer de bon cœur.

LA ROCHEFOUCAULD.

138. — Il faut faire non ce qu'on a du plaisir à faire, mais ce qu'on sera content d'avoir fait.

COMTESSE DIANE.

139.
Jouissons du moment heureux, saisissons l'heure,
Sans en attendre une autre, aussi bonne ou meilleure.

F. COPPÉE.

140. — Qu'une paille vous entre dans l'œil, vous l'ôtez sur-le-champ. Qu'un vice entre dans votre âme vous dites : « Une autre année je songerai à me guérir ».

HORACE.

141.

Sache tenir, s'il faut, un sabre de bataille,
Mais, studieux le soir, actif dès le matin,
Sache bien que l'enfant qui veille et qui travaille
Prépare au monde entier sa gloire et son destin.

J. AICARD

142. — Retirez-vous en vous-même, mais préparez-vous premièrement à vous y recevoir.

MONTAIGNE.

143. — La brusquerie n'est que la grossièreté de la franchise, et souvent ce n'est que de la grossièreté *sans* franchise.

LA BEAUME.

144. — Regardez, non à ce qui vous manque, mais à ce qui vous est donné.

L. MEYER.

145. — L'homme de bien ne fait rien dans la vue de faire connaître sa probité, mais ce qu'il fait, il le fait pour l'amour du bien et ses actions sont sa seule récompense.

ÉPICTÈTE.

146. — Pour chaque droit, un devoir! Cherche donc tes devoirs et après parle de tes droits.

147. — Accoutume-toi même aux choses que tu désespères d'accomplir, car si la main gauche elle-même, faible d'ordinaire faute d'habitude, tient cependant les guides avec plus de fermeté que la droite, c'est qu'elle y est accoutumée.

MARC-AURÈLE.

22ᵉ Semaine

148. — Soyez vrais, mais discrets.

VOLTAIRE.

149. — En toute chose faire ce qui dépend de soi et pour le reste être ferme et tranquille.

ÉPICTÈTE.

150. — Il y a quatre manières de perdre son temps : ne rien faire, ne point faire ce qu'on doit, le mal faire, et le faire à contretemps.

ABBÉ DE LA ROCHE.

151. — Rendez-vous tels que vous n'osiez clocher devant vous-même et que vous ayez honte et respect de vous-même.

MONTAIGNE.

152. — On ne dit pas de mal devant celui qui n'écoute pas.

SAINT AUGUSTIN.

153. — Quiconque ne fait rien ne vaut rien : un âne qui travaille est une majesté à côté de l'homme fainéant.

WAGNER.

154. — Ce qui vraiment est héroïque...
C'est d'espérer contre espérance,
C'est de croire en Dieu malgré tout,
De le suivre avec confiance,
Et de le servir jusqu'au bout.

H. HOLLARD.

23ᵉ Semaine

155. — Aime les tiens, tu seras aimé d'eux,
Il n'y a point de recette meilleure.

SIRE DE PIBRAC.

156. — La souffrance est un hôte importun, mais qu'encore il faut recevoir et traiter avec égards pour toutes les leçons qu'elle enseigne.

TOPFFER.

157. — Agir sans avoir réfléchi, c'est se mettre en voyage sans avoir fait de préparatifs.

158. — Tiens-toi à cinq pas d'un chariot, à dix d'un cheval et à cent d'un éléphant; mais pour éviter le méchant, point de distance qui suffise!

PROV. INDIEN.

159. — Être bienfaisant, c'est acquitter une dette : celui qui fait du bien aujourd'hui, a été l'obligé de quelqu'un hier.

160. — Soit du bien, soit du mal, un peu répété plusieurs fois fait beaucoup.

161. — Le matin, formez vos résolutions, et réglez votre journée: le soir, examinez-vous. Voyez quelles ont été vos paroles, vos actions et vos pensées : car il peut se faire que vous ayez commis beaucoup de fautes contre Dieu et contre votre prochain.

IMITATION DE J.-C.

24ᵉ Semaine

162. — Tout homme de courage est homme de parole.

CORNEILLE.

163.
Vous n'offensez jamais? C'est bien....
Souffrir qu'on vous offense est un plus noble effort.

BEN JOHNSON.

164. — Partout où l'on peut *vivre*, on peut *bien vivre*.

MARC-AURÈLE.

165. — L'heure frémit à notre oreille,
Et loin de l'homme qu'elle éveille
S'envole et lui dit : Compte-moi!
Compte-moi, car le temps me presse!
Compte-moi, car je fuis sans cesse!
Et ne reviens jamais en vain!

LAMARTINE.

166. — Sois une lumière sans chercher à le paraître.

LAVATER.

167. — Dites le bien avec plaisir, cachez le mal avec soin, et n'y pensez qu'avec douleur.

FÉNELON.

168. — La charité la plus précieuse est celle qui va de l'âme à l'âme et non pas seulement de la bourse à la bourse.

COMTE D'HAUSSONVILLE.

25ᵉ Semaine

169. —   L'arc se repent en vain
Quand la flèche est lancée.

P. DÉROULÈDE.

170. — Ce n'est point être vertueux que se contenter d'éviter les vices qu'on n'aime pas, et de pratiquer les vertus qu'on aime par tempérament.

A. COQUEREL.

171. — Converse avec toi-même : tu as tant de choses à te dire, tant de questions à te faire.

ÉPICTÈTE.

172. — Quand on a peur le plus sûr est d'aller en avant.

SÉNÈQUE.

173. — Aye de toi plus que des autres honte,
Nul plus que toi, par toi n'est offensé.

SIRE DE PIBRAC.

174. — Le travail fournit le pain, mais c'est le contentement d'esprit qui lui donne la saveur.

SOUVESTRE.

175. — Un homme de cœur pense à remplir son devoir à peu près comme le couvreur songe à couvrir : ni l'un ni l'autre ne cherchent à exposer leur vie ni ne sont détournés par le danger.

LA BRUYÈRE.

3

26ᵉ Semaine

176. — Où vas-tu, conscrit? — A mon poste.
Quoi faire? — Servir mon pays!

DÉROULÈDE.

177. — Si vous n'aimez que ceux qui vous aiment,
quel mérite en avez-vous? — Les méchants aiment
aussi ceux qui les aiment.

LA BIBLE.

178. — Veillez à ne pas perdre les petites pièces
d'argent, les pièces d'or se garderont d'elles-mêmes.

179. — Où le bien finit, le mal commence. Car on
n'est pas moins injuste en ne faisant pas ce qu'on
doit, qu'en faisant ce qu'on ne doit pas.

MARC-AURÈLE.

180. — Vous serez content de la vie, si vous en
faites un bon usage.

RENAN.

181. — Ne fais rien dans la colère : mettrais-tu à la
voile dans une tempête?

DODSLEY.

182. — Que penserais-tu d'un oiseau qui ayant des
ailes ne volerait pas? d'un poisson qui ne nagerait pas?
d'un gland qui aimerait mieux pourrir que de devenir
un chêne? d'un œuf qui refuserait d'éclore? — Tu te
dirais : « Voilà des êtres qui manquent à leur des-
tinée ». Paresseux, mon ami, tu es cet oiseau, ce
poisson, ce gland, cet œuf, cet indigne.

STAHL.

SOUVENEZ-VOUS
QUE LA PATRIE A DES DROITS
SACRÉS SUR VOS TALENTS,
VOS VERTUS, VOS SENTI-
MENTS ET TOUTES VOS AC-
TIONS: EN QUELQUE ÉTAT
QUE VOUS VOUS TROUVIEZ,
VOUS N'ÊTES QUE DES SOL-
DATS EN FACTION, TOU-
JOURS OBLIGÉS DE VEILLER
POUR ELLE ET DE VOLER A
SON SECOURS.

27ᵉ Semaine

183. — Souvenez-vous que la patrie a des droits sacrés sur vos talents, vos vertus, vos sentiments et toutes vos actions ; en quelque état que vous vous trouviez, vous n'êtes que des soldats en faction, toujours obligés de veiller pour elle et de voler à son secours.

BARTHÉLEMY.

184. — Conscience qui parlemente est à demi rendue.

185. — Vous devez *au moins* à vos frères les égards que vous devez à tous les hommes.

ST-LAMBERT.

186. — Les véritables jours de fête pour toi doivent être ceux où tu as surmonté une tentation.

ÉPICTÈTE.

187. — Le devoir est d'être utile non comme on désire, mais comme on peut.

AMIEL.

188. — Protège-toi toi-même.

D. CATO.

189. — Il en est des grandes vertus et des petites fidélités comme du sucre et du sel : le sucre a un goût plus exquis, mais il n'est pas d'un si fréquent usage ; au contraire le sel entre dans tous les aliments nécessaires à la vie.

SAINT FRANÇ. DE SALES, d'après FÉNELON.

28ᵉ Semaine

190. — Parole gracieuse est d'un grand prix, sans coûter grande dépense.

PROV. ITALIEN.

191. — La plus noble question du monde est celle-ci : Quel bien puis-je faire?

FRANKLIN.

192. — Il ne suffit pas d'avoir servi son pays : il ne faut pas cesser de le servir.

PLUTARQUE.

193. — On ne se fait pas soi-même, mais on doit se refaire.

Dʳ BEAUCHÊNE.

194. — Appliquez-vous à donner aux autres de petits commandements et de grands exemples.

SAINT JÉRÔME.

195.
Souffre sans murmurer tous les défauts des autres,
    Pour grands qu'ils se puissent offrir;
Et songe qu'en effet nous avons tous les nôtres
Dont ils ont à leur tour encor plus à souffrir.

CORNEILLE.

196. — Quand on dit à l'homme : « Connais-toi toi-même », ce n'est pas seulement pour rabaisser son orgueil, c'est aussi pour lui faire sentir ce qu'il vaut.

CICÉRON.

~~~~~~~~~~~~~~~~~ *29ᵉ Semaine* ~~~~~~~~~~~~~~~

197. — Mourir n'est pas mourir, mes amis, c'est changer.

<div align="right">LAMARTINE.</div>

198. — En rendant heureux ceux qui vous entourent vous aurez beaucoup fait pour eux.

<div align="right">L. MEYER.</div>

199. — L'amour du succès peut tuer l'amour du bien.

<div align="right">Mᵐᵉ DE PRESSENSÉ.</div>

200. — Ayez bon courage : une vertu ne reste jamais comme une orpheline abandonnée : maintes vertus parentes viennent d'elles-mêmes lui tenir compagnie.

201. — On ne va pas loin quand on change tous les jours de route.

<div align="right">BALLANCHE.</div>

202.

Les hommes t'ont servi même avant ta naissance,
   Et que fais-tu pour eux?

<div align="right">THOMAS.</div>

203. — Sois attentif quand tu marches dans la rue : là aussi il y a des devoirs : l'éducation d'un peuple se juge par son maintien sur les places publiques; où tu verras de la grossièreté dans la rue, tu es sûr de la trouver dans les maisons.

<div align="right">ED. DE AMICIS.</div>

30ᵉ Semaine

204. — La bienveillance produit la bienveillance.

SOPHOCLE.

205. — Seuls, veillons sur nos pensées; en famille, veillons sur notre humeur; en société, veillons sur notre langue.

DE STAEL.

206. — Que tout notre orgueil soit d'être chaque jour plus juste, plus tempérant, plus charitable que nous ne l'étions la veille; car c'est avec nous-même qu'il faut nous comparer et non pas avec nos frères; c'est la seule émulation qui soit pure devant Dieu.

PRÉVOST-PARADOL.

207. — Il faut toujours être prêt à se rendre à la vérité et à la recevoir de quelque part qu'elle vienne.

Mᵐᵉ DE SABLÉ.

208. — Tout ce qui est mauvais en son progrès est mauvais dès son commencement.

CICÉRON.

209. — Quand tu ressens un secret plaisir à trouver ton prochain en faute, tu n'es pas meilleur que lui.

STAHL.

210. — L'eau qui tombe goutte à goutte finit par creuser la pierre; avec de petits coups de dents une souris coupe un câble; avec de petits coups de hache on abat de grands chênes.

FRANKLIN.

31ᵉ Semaine

211. — Que l'amour que vous devez à vos semblables commence à se manifester en vous dans toute sa perfection à l'égard de ceux avec qui vous êtes liés par la plus étroite de toutes les fraternités, celle de la famille.

SILVIO PELLICO.

212. — Sois instruit, mais n'oublie pas qu'avec ce que tu ignores on pourra toujours faire de très gros livres.

213. — Il faut accepter les petites contrariétés de la vie comme des égratignures et non comme des blessures.

214. — Aime l'honneur plus que ta propre vie!
J'entends l'honneur qui consiste au devoir!

SIRE DE PIBRAC.

215. — Ce qui ne répare rien, c'est le découragement.

STAHL.

216. — Ne va pas chercher bien loin dans l'espace
Des mondes nouveaux pour de grands exploits.
Ton cœur trouvera sans changer de place
Bien plus de combats que tu ne le crois.

H. HOLLARD.

217. — Si je consomme, je dois aussi produire; si je reçois, je dois donner; si je profite de la société, je dois la servir.

D'après P. GOY.

32ᵉ Semaine

218. — C'est un grand mal de ne point faire de bien.

ROUSSEAU.

219. — De quelles vertus serais-tu capable, si tu ne commençais pas par aimer ta mère?

SOCRATE.

220. — Le temps ne manque presque jamais pour les choses dont on a bien envie.

GUIZOT.

221. — Aimez les métiers, le mien et les vôtres.
    On voit bien des sots, point de sot métier;
    Et toute la terre est comme un chantier
    Où chaque métier sert à tous les autres,
    Et tout travailleur sert le monde entier.

J. AICARD.

222. — Le bien qu'on raconte, c'est presque du bien qu'on sème.

223. — Ôte premièrement la poutre qui est dans ton œil, et alors tu verras comment tu ôteras celle qui est dans l'œil de ton frère.

LA BIBLE.

224. — Si par ma faute j'ignore mes devoirs, je suis responsable et coupable de tout le mal qui peut sortir de cette ignorance.

BAUTAIN.

33ᵉ Semaine

225.
Soyons comme l'oiseau posé pour un instant
    Sur des rameaux trop frêles
Qui sent ployer la branche et qui chante pourtant,
    Sachant qu'il a des ailes.

V. HUGO.

226. — Les hommes sont le vrai rempart de la cité.

227. — Quand la parole ne vaut-elle rien? Quand elle fait tort à un absent. Quand le silence vaut-il tout? Dans une dispute.

PROV. ARABE.

228. — L'utilité de la vie n'est pas en l'espace, elle est en l'usage : tel a vécu longtemps qui a peu vécu.

MONTAIGNE.

229. — Les sacrifices que nous faisons à ceux que nous aimons n'ont de valeur que s'ils les ignorent. Si nous avions leur reconnaissance pour récompense, où serait le sacrifice? Nous gagnerions trop au change.

Mᵐᵉ DE PRESSENSÉ.

230. — Ce qui vaut la peine d'être *fait*, vaut la peine d'être *bien fait*.

Mᵐᵉ CHILD.

231. — Souvent on tire fort volontiers l'aumône de sa bourse pour la donner aux pauvres, mais on ne peut tirer la douceur de son cœur pour pardonner à ses ennemis.

SAINT FRANÇOIS DE SALES.

~~~~~~~~~~~~~~ *34ᵉ Semaine* ~~~~~~~~~~~~~~

232. — Dieu regarde si les mains sont pures, non si elles sont pleines.

<div align="right">P. SYRUS.</div>

233. — Conservez la bonne humeur; car elle passe à travers les petites difficultés de la vie comme dans un chemin à peine raboteux: tandis que la mauvaise humeur y trouve des fondrières.

234. — Cacher son vice est une peine extrême,
Et peine en vain : fais ce que tu voudras,
A toi, du moins, cacher tu ne pourras,
Car nul ne peut se cacher à soi-même.

<div align="right">SIRE DE PIBRAC.</div>

235. — Etre sobre n'est pas une grande vertu; mais c'est un grand vice que de ne l'être pas.

<div align="right">CHRISTINE, REINE DE SUÈDE.</div>

236. — Encourager la médisance par un sourire, ou même par le silence, c'est y prendre part.

237. — Plus tu sais...
Plus tu seras coupable à ton heure dernière
Si tu n'en as vécu d'autant plus saintement.

<div align="right">CORNEILLE.</div>

238. — Il n'est pas vrai que la force prime le droit! C'est un mot impie. Il n'est pas vrai que le succès soit le dernier mot de tout! Il n'est pas vrai qu'il y ait quelque chose au-dessus de la justice!....

<div align="right">F. BUISSON.</div>

35ᵉ Semaine

239. — En ton propos sois toujours véritable
Soit qu'il te faille en témoignage ouïr,
Soit que parfois tu veuilles réjouir
D'un gai propos les hôtes de ta table.
SIRE DE PIBRAC.

240. — Il faut être droit ou redressé.
MARC-AURÈLE.

241. — Ne te hâte ni de te faire des amis, ni de quitter ceux que tu as.
SOCRATE.

242. — Il faut s'accommoder un peu de tout ce qui n'est pas mauvais.
Mᵐᵉ DE SÉVIGNÉ.

243. — Aimez à faire plaisir.
Mᵐᵉ DE MAINTENON.

244. — C'est la nature et l'humeur des personnes
Et non la qualité qui rend les choses bonnes.
RÉGNIER.

245. — Si quelqu'un te rapporte qu'on a dit du mal de toi, tu ne dois ni y croire, ni te venger, car, si tu n'offenses personne et fais du bien à tout le monde, il te serait honteux de penser que quelqu'un soit capable de te faire injure.
MÉCÈNE.

36ᵉ Semaine

246. — La grandeur d'un peuple ne se mesure pas plus au nombre que la grandeur d'un homme ne se mesure à la taille. — L'unique mesure c'est la quantité d'intelligence et la quantité de vertu.

V. HUGO.

247. — On ne reste jamais au même état : qui ne monte pas descend! qui n'avance pas recule!

D'après MICHELET.

248.
Quand sur une personne on prétend se régler.
C'est par les beaux côtés qu'il lui faut ressembler.

MOLIÈRE.

249. — Si chaque année nous pouvions déraciner de notre âme seulement un vice, nous serions bientôt des hommes parfaits.

IMITATION DE J.-C.

250. — Les hommes sont faits les uns pour les autres, corrige-les donc ou supporte-les.

MARC-AURÈLE.

251. — C'est s'élever au-dessus des fautes que de les avouer avec courage pour les réparer.

252. — Ce n'est pas un léger plaisir que de dire en soi : Qui me verrait jusque dans l'âme, ne me trouverait coupable de l'affliction et ruine de personne, ni de vengeance ou d'envie.

MONTAIGNE.

37ᵉ Semaine

253. — Étudiez, non pour savoir plus ou mieux que les autres, mais simplement pour savoir bien.

254. — L'homme courageux évite le danger, s'il le peut; il le brave quand il le faut.

LUCAIN.

255. — La charité la plus utile, c'est celle qui écarte de la route du prochain les obstacles au bien et les tentations au mal.

CHANNING.

256. — La vanité passe pour un petit défaut : pas si petit! car elle ment toute la journée. Quand vous faites une faute, qui est-ce qui au lieu de l'avouer, la nie? C'est elle. Quand un autre fait mieux que vous, qui est-ce qui refuse de reconnaître la supériorité d'autrui? C'est encore elle.

STAHL.

257. — Ce qu'on peut, on le doit.

GUIZOT.

258. — N'estime l'argent ni plus ni moins qu'il ne vaut : c'est un bon serviteur et un mauvais maître.

A. DUMAS FILS.

259. — On évite les maisons dont le seuil est bourbeux. La maison que votre âme habite, c'est votre corps; gardez que la maison donne mal à croire de l'habitant!

STAHL.

38e Semaine

260. — La meilleure récompense d'une bonne œuvre ou d'une vertu, c'est d'en amener une autre. Le plus grand châtiment d'un péché ou d'un vice, c'est d'en amener un autre.

LE TALMUD.

261. — S'il est bien de faire une chose ou de la dire, ne la juge pas indigne de toi.

MARC-AURÈLE.

262. — Nul n'est véritablement vaincu que celui qui fuit.

263. — Ce ne sont pas les mauvaises herbes qui étouffent le bon grain : c'est la négligence du cultivateur.

CONFUCIUS.

264. — Si ta fragilité met toujours quelque obstacle
En toi-même, à tes propres vœux,
Comment veux-tu d'un autre exiger ce miracle
Qu'il agisse partout ainsi que tu le veux?

CORNEILLE.

265. — Une âme grande, pure, généreuse est un trésor, pour le peuple qui l'a enfantée et nourrie, car c'est le modèle sur lequel les autres se forment

D'après QUINET.

266. — Ce n'est jamais une chose basse et inutile que d'être sincère, quelque petite que soit la chose dans laquelle on fait paraître sa sincérité.

NICOLE.

39ᵉ Semaine

267.

France, veux-tu mon sang? il est à toi, ma France!
S'il te faut ma souffrance,
Souffrir sera ma loi!
S'il te faut ma mort, mort à moi!
Et vive toi,
Ma France!

DÉROULÈDE.

268. — Ne coupez pas ce que vous pouvez dénouer.

JOUBERT.

269. — S'il n'y a point de vertus sans combats, il n'y en a point sans victoire.

ROUSSEAU.

270. — Les mains de l'homme qui vit sans rien faire sont celles d'un fripon.

PHOCYLIDE.

271. — Quand tu as fait ton devoir, c'est encore ton devoir d'en paraître joyeux.

GŒTHE.

272.

Agis donc fortement et fais-toi violence,
Pour te soustraire au mal où tu te vois pencher.

CORNEILLE.

273. — Ne laissons pas les nobles hommes de nos jours passer sans recevoir l'honneur qui leur est dû.

PARKER.

4

~~~~~~~~~~~~~ *40ᵉ Semaine* ~~~~~~~~~~~~~

274. — Conduisez-vous toujours comme si vous étiez observé par dix yeux et montré par dix mains.

CONFUCIUS.

275. — Nous devons haïr nos défauts, mais d'une haine tranquille et non point d'une haine chagrine et dépiteuse qui nous rende désagréable.

SAINT FRANÇOIS DE SALES.

276. — Qui veut devenir meilleur cherche en soi la cause de ses fautes; qui ne s'en soucie pas la cherche en autrui.

277. — Quand tu agis, point de nonchalance.

MARC-AURÈLE.

278. — Chaque fois que nous foulons un vice aux pieds, nous montons un échelon de l'échelle qui conduit à Dieu.

SAINT AUGUSTIN.

279. — Il est bon de se prosterner dans la poussière, quand on a commis une faute; mais il n'est pas bon d'y rester.

CHATEAUBRIAND.

280. — Nous ne *pouvons un peu* que parce que nous *voulons beaucoup*, et nous n'arrivons au *bien* que parce que nous avons l'idée du *mieux*.

SAINT-MARC-GIRARDIN

DIEU EST EN TOUS SES OUVRA-
GES, QUOIQU'IL N'Y EN AIT
AUCUN QUI LE CONTIENNE.

~~~~~~~~~~~~~~~~~~~~~ *41ᵉ Semaine* ~~~~~~~~~~~~~~~~~~~~~

281. — Dieu est en tous ses ouvrages, quoiqu'il n'y en ait aucun qui le contienne.

SAINT AUGUSTIN.

282. — Celui qui n'évite pas les petits défauts tombe peu à peu dans les grands.

IMITATION DE J.-C.

283. — Aimer, c'est avoir dans les mains
Un flambeau pour tous les chemins....

V. HUGO.

284. — J'ai remarqué que dès qu'une personne, fût-elle bien élevée, reçoit d'une autre une impolitesse, elle s'empresse de la lui rendre, comme pour lui prouver qu'elle est aussi mal élevée qu'elle.

LACORDAIRE.

285. — Il y a en nous beaucoup de choses à édifier et beaucoup à détruire.

ÉPICTÈTE.

286. — Ah! si du moins dans notre vie
Les jours perdus ne comptaient pas!

LAMARTINE.

287. — Ce n'est pas assez de ne faire aucun mal, il faut encore faire tout le bien possible. Ce n'est pas assez de faire le bien par soi-même, il faut encore empêcher tout le mal que les autres feraient s'ils n'étaient retenus.

FÉNELON.

42ᵉ Semaine

288. — Les richesses ne passent point en l'autre monde, si elles n'y sont portées par les mains des pauvres.

289. — Les vertus du foyer ne peuvent nous suffire, mais commençons par les avoir.

L'ABBÉ OLIVET.

290. — Qui résiste trop tard a peine à résister,
Et c'est au premier pas qu'il se faut arrêter.

291. — La vertu meurt quelquefois de faim, tandis que le vice regorge de biens; — mais le pain est-il la récompense de la vertu? — Le vice peut l'acquérir, c'est le prix du travail. Mais donnez à un scélérat tous les biens du monde, il en est un qui lui manque : celui de se sentir honnête homme.

POPE.

292. — Celui-là fait beaucoup, qui fait bien ce qu'il fait.

CORNEILLE.

293. — Ne vous affligez pas de votre mauvaise fortune, mais songez à vous rendre digne d'une meilleure.

Mᵐᵉ DE MAINTENON.

294. — Ce qui vraiment est héroïque...
C'est sous ses pas de faire éclore
Pour d'autres que soi le bonheur.

H. BOLLARD.

43ᵉ Semaine

295. — Le succès n'est pas ce qui importe : ce qui importe c'est l'effort.

JOUFFROY.

296. — Qui fait le guet quand tout sommeille?
Quand tout est en péril qui veille?
Qui souffre, qui meurt, qui combat?
 Le soldat!

DÉROULÈDE.

297. — Ne sacrifie jamais à ton ami aucun de tes devoirs.

SAINT-LAMBERT.

298. — La vie n'est de soi ni bien ni mal; mais c'est la place du bien et du mal, suivant que vous la leur faites.

MONTAIGNE.

299. — La parole, comme la flèche, ne revient plus; regarde donc avant de la lancer si elle n'est ni aiguë, ni empoisonnée.

LE TALMUD.

300. — Travaillons avec le même soin que si nos travaux et nous-même devions subsister toujours. Nous qui ne durons pas, faisons des œuvres qui durent.

VINET.

301. — Avouer que l'on a tort, c'est prouver modestement que l'on est devenu plus raisonnable.

SWIFT.

44ᵉ Semaine

302. — Si ton ami a commis quelque offense,
Ne va soudain contre lui l'irriter,
Mais doucement et sans le disputer
Fais-lui la plainte et reçois sa défense.

SIRE DE PIBRAC.

∴

303. — Je ne dois ni dire, ni me plaire à entendre
dire ce que je ne voudrais pas qu'on eût dit de moi.

SAINT JÉRÔME.

∴

304. — Oh! si nous nous assujettissions à faire *une*
bonne action par jour!...

∴

305. — Un cœur délicat souffre moins des blessures
qu'il a reçues que de celles qu'il peut avoir faites.

∴

306. — Ne prodiguez point la vérité, mais osez la
dire avec courage.

∴

307. — Le père connaît les besoins de son fils. —
Faut-il pour cela que le fils n'ait jamais une parole de
requête ou d'action de grâce pour son père?

LAMENNAIS.

∴

308. — Celui qui n'est jamais content de personne
ne contente personne.

GOLD DUST.

45ᵉ Semaine

309. — Il y a des reproches qui louent, — et des louanges qui sont un blâme.

LA ROCHEFOUCAULD.

310. — Ne marchez point la tête baissée, il faut lever les yeux pour reconnaître sa route.

LAMENNAIS.

311. — Indulgence pour soi et dureté pour les autres n'est au fond qu'un seul et même vice.

LA BRUYÈRE.

312. — Quand j'ai passé dans la vallée
Un oiseau chantait sur son nid,
Ses petits, sa chère couvée,
Venaient de mourir dans la nuit,
Et pourtant il chantait l'aurore....
A qui perd tout, Dieu reste encore,
Dieu là-haut, l'espoir ici-bas.

A. DE MUSSET.

313. — Quand tu fais quelque chose, si tu as raison, pourquoi crains-tu ceux qui auront tort de te blâmer?

ÉPICTÈTE.

314. — Soutiens ton frère qui chancelle.

V. HUGO.

315. — L'activité est la main droite de la fortune, la frugalité sa main gauche.

46ᵉ Semaine

316. — Mettre des faits dans la mémoire c'est se donner de l'expérience.

BÉRANGER.

317. — Dans une âme vraie tout se tient : ce qu'elle aime dans les paroles, elle l'aime aussi dans la vie.

VINET.

318.
Je dis que le tombeau qui sur les morts se ferme
    Ouvre le firmament;
Et que, ce qu'ici-bas nous prenons pour le terme,
    Est le commencement.

V. HUGO.

319. — Que la vertu ne consiste pas à être mécontent des autres.

BERSOT.

320. — Travaille et espère!

321. — Quand nous déferons-nous de cette détestable habitude de ne *rien* faire parce que nous ne pouvons pas *tout* faire?

COLANI.

322.
Les cieux pour les mortels sont un livre entr'ouvert
Ligne à ligne à leurs yeux par la nature offert;
Chaque siècle avec peine en déchiffre une page
Et dit : « Ici finit ce magnifique ouvrage! »
Mais sans cesse le doigt du céleste écrivain
Tourne un feuillet de plus de ce livre divin.

LAMARTINE.

47ᵉ Semaine

323. — Économisez le temps, car c'est l'étoffe dont la vie est faite.

FRANKLIN.

324. — Il vaut mieux être seul qu'en mauvaise compagnie.

325. — Heureuse la mère dont le fils se lève devant les cheveux blancs.

SOCRATE.

326.
N'est-ce pas traiter l'homme avec haute injustice
De vouloir qu'il soit tout parfait,
Et de ne vouloir pas te corriger d'un vice
Afin que ton exemple aide à ce grand effet?

CORNEILLE.

327. — Nous approcherions vite de la perfection si nous détestions les petites fautes de chaque jour.

R. FERRUCCI.

328. — Il n'est pas dit : « Ne vous occupez pas des choses de la terre »; — mais : « Ne vous affectionnez pas aux choses de la terre ».

VINET.

329 — Nous devons la justice aux hommes, et la grâce et la bénignité aux autres créatures qui en peuvent être capables, car il y a quelque commerce entre elles et nous, et quelques obligations mutuelles.

MONTAIGNE.

48ᵉ Semaine

330. — Ne tenons pas trop à nos droits, mais beaucoup à nos devoirs.

LAMENNAIS.

* *
*

331. — Il ne faut ni quitter, ni mépriser les amitiés que la nature et les anciens devoirs obligent de cultiver, des parents, des alliés, des bienfaiteurs, des voisins et autres.

SAINT FRANÇOIS DE SALES.

* *
*

332. — Un bon aujourd'hui vaut mieux que deux demain.

FRANKLIN.

* *
*

333. —   Jusque-là souvent on s'oublie,
Qu'on croit *beaucoup* de mal plutôt qu'*un peu* de bien.

* *
*

334. — Rien d'excellent ne se fait tout à coup : pas même un grain de raisin ou une figue.

ÉPICTÈTE.

* *
*

335. — Le travail n'est pas une peine : c'est la richesse; le travail n'est donc pas une servitude : c'est la liberté; il n'est pas une honte : c'est l'honneur.

F. PYAT.

* *
*

336. — Nul ne *peut* aider celui qui ne *veut* pas s'aider lui-même.

PESTALOZZI.

49ᵉ Semaine

337. Jamais nous ne pensons que le jour est un bien :
L'aveugle seul comprend que la lumière est bonne,
Que sans un rayon d'elle on ne connaît personne,
Que sans un rayon d'elle on ne possède rien.

SULLY-PRUDHOMME.

338. — Commettez une faute deux fois et vous en viendrez à croire qu'il n'y a aucun mal.

LE TALMUD.

339. — C'est quelque chose d'obéir, mais il y a un mérite de plus à obéir de bonne grâce.

GIRARDIN.

340. — Servir la patrie est la moitié du devoir; servir l'humanité est l'autre moitié.

V. HUGO.

341. — Ne te plains de ton temps. Si tu le trouves mauvais, n'es-tu pas justement là pour le rendre meilleur?

CARLYLE.

342. — Abstenez-vous de toute apparence de mal.

LA BIBLE.

343. — La justice est en toi, que tu le veuilles ou que tu y résistes. Cet hôte intérieur est un maître, et si tu ne le subis pas tel qu'il est, tu sens aussitôt que tu n'es plus qu'un révolté.

J. SIMON.

50ᵉ Semaine

344. — Il faut que de maîtres, tes défauts deviennent esclaves.

.

345.
Aux voix qui vous diront la ville et ses merveilles,
N'ouvrez pas votre cœur, mes enfants, mes amis,
A l'appel des cités n'ouvrez pas vos oreilles :
Elles donnent, hélas ! moins qu'elles n'ont promis.

AUTRAN.

.

346. — Mettez-vous toujours en la place du prochain et le mettez en la vôtre : ainsi vous jugerez bien.

SAINT FRANÇOIS DE SALES.

.

347. — Quand mon ami est malheureux, je vais le trouver ; quand il est heureux, je l'attends.

PETIET.

.

348. — Science sans conscience n'est que ruine de l'âme.

RABELAIS.

.

349. — Rien n'empêche davantage d'être bien pour les autres que d'être mal à l'aise avec soi-même.

BALZAC.

.

350. -- Petits que nous sommes, nous avons en nous quelque chose qui est grand.

Mᵐᵉ GUIZOT.

51ᵉ Semaine

351. — Le défaut de réflexion fait plus de tort que le défaut de savoir.

352. — Si on n'honore pas assez ton nom, c'est à toi de le rendre honorable.

H. MANN.

353. — Il y a de mauvais exemples qui sont pires que des crimes.

MONTESQUIEU.

354. — Soyez en garde contre votre humeur : c'est un ennemi que vous porterez avec vous jusqu'à la mort; il entrera dans vos conseils et vous trahira si vous l'écoutez.

FÉNELON.

355. — L'homme bienfaisant n'est pas celui qui donne le plus, mais celui qui donne le mieux.

356. — Ose être sage! Commence! Chose bien commencée est demi-faite : différer, c'est faire comme celui qui attendrait que toute l'eau d'un fleuve fût écoulée; — mais cette eau coulera toujours!

HORACE.

357. — Il ne faut s'occuper du mal que pour en tirer du bien.

LA HARPE.

52ᵉ Semaine

358. — Ne méprise pas ta situation : c'est là qu'il faut agir, souffrir et vaincre.

AMIEL.

359. — Il est aisé d'être en certain moment héroïque et généreux; ce qui coûte, c'est d'être constant et fidèle.

MASSILLON.

360. — Deviens bon afin de pouvoir faire le bien.

BOUDDHA.

361. — On agit comme on aime.

362. — Ne rien craindre rend plus fort que se faire craindre.

SCHILLER.

363. — La bonne tenue n'est pas la bonne conduite, mais elle en est presque toujours la marque.

BARRAU.

364. — C'est un grand combat de faire de soi un honnête homme.

PLATON.

365. — « Examinez tout, et retenez ce qui est bon ! » et si quelque chose de meilleur a mûri en vous, ajoutez-le en toute vérité et avec amour à ce que j'essaie de vous donner ici en toute vérité et avec amour.

PESTALOZZI.

Coulommiers. — Imp. PAUL BRODARD. — 279-94.

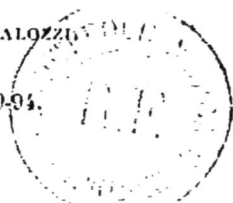

BRÉS. (Mlle H. S.). *Musette et Quenouillette.* 1 vol. in-16 avec gravures en couleurs, cartonné . . . . **40** cent.

— *Le père la Vanille.* 1 vol. in-16 avec gravures en couleurs, cartonné . . **35** cent.

   (*Bibliothèque des Écoles et des Familles.*)

BRÉS (Mlle H. S.) et Mlle **COLLIN**. *Douze chants pour les enfants* avec la musique. 1 vol. in-8, broché . . . . **1** fr. **50**

— *Quinze chants pour enfants* avec la musique. 1 vol. in-8, broché . . . . . **1** fr. **50**

PARIS

HACHETTE & Cie

79, boul. St-Germain

1895

www.ingramcontent.com/pod-product-compliance
Lightning Source LLC
Chambersburg PA
CBHW070933280326
41934CB00009B/1861